JN409157

우주가 품은 나무

우주가 품은 나무

박주영 시집

♤♠♧♣

영글게 꽉 채워야

헛된 것들

끼어들지 않는다고

둥근 보름달 되려다

다 갉아 먹힌 내 청춘

♤♠♧♣

목차

제2부 우주가 품은 나무

제3부 흔들리는 것들에게

제4부 별 안으로

제1부
내 안의 쉼표

떨어지는 것들에게

뜨거운 곳에서 더운 숨 참아 내고
가을 햇살에 자기 몸 담금질하여
익은 얼굴 다롱거리며 매달린 모습들
떨어지는 공포에서 벗어나기 위해
애써 잔가지를 붙잡고 있다
안에 묶어 두었던 아픔 떼어버리고
이젠 괜찮으니 놓아 버리라고
묵묵히 기다렸던 대지와
나뭇가지들은 잔기침을 해댔다
다부지게 때리는 소낙비를 맞고
몰아치는 태풍도 피해 돌아앉은 자리
울면서 비를 맞아 본 것들만이
참된 씨알로 자라 다시 흙으로 돌아간다는데
아직도 왜 그늘 밑에서 서성이고 있는가
사과 한 알이 "툭" 떨어지고 있다

비누의 노래

속과 겉이 하나로 태어나
더욱 단단해지고
풋풋하게 살고 싶어
입김 같은 향기에 젖는다

시녀(侍女)같이 몸 받쳐
지문이 닳도록 일 하다가
누군가를 위해
풀풀이 흩어지는 두려움을 견딘다

세상의 때 묻은 손 씻어주며
기꺼이 자기를 떼어주었는데
꽃봉오리 꺾는 바람소리
아직 사라지지 않고

아낌없이 줄 수 있는 날이
마음속에서 점점 멀어진다

一 生

발이 푹푹 빠지는 곳에서 허우적거리며
진흙 속에 뿌리를 꾹꾹 질러 넣고
한사코 파고드는 태양 빛을 받아내기 위해
뜨거운 여름을 건져 올렸다
키가 훨씬 자라버린 잡풀들 틈에서
챙챙 휘어 감는 바람소리 들으며
붉고 고요한 아침을 바라보았다
햇살에 익은 얼굴 새들이 쪼아먹을 때마다
어둠을 안고 노을에 하소연하면서
서러움만 남기는 하늘을 원망하기도 했다
어느 날 가을 들녘에서
이익만 담아 가는 구릿빛 손들
한 움큼 씩 낫으로 우악스럽게 몸을 잘라낼 때
살점이 떨어져 나뒹구는 슬픔
때론 기계가 훑으며 지나가 버린 몸은
만신창이가 된 채 지푸라기로 버려졌다
모든 것을 빼앗긴 순간부터 다시 삶은 시작되고

썩은 두엄으로 태어나기 위해
빛도 없는 텅 빈 가을 들판에 뿌려져도
앞날의 밑거름 되는 즐거움으로 사는 내게
아무도 지난여름을 묻지 않았다

달팽이

허수레한 얇은 껍데기 집
어두운 곳에 숨어살면서
작은 자극에도 민감하게 움추린다
힘센 사마귀가 삶을 넘보고
벌 나비들이 눈짓을 보내도
묵묵히 앞만 보고 갈 뿐 말이 없다
오랫동안 새겨 두었던 길
뼈저린 기억마저 마음속에 접어두고
집안에 갇혀 몸뚱이만 뒹굴렸다
더듬이로 노래하는 벌레들 같이
어울려 함께 하고 싶은데
큰 뜻 뒤에 감추고
생길 때부터 부실했던 얼굴로
어둠의 세상을 깊이 들이 마신다

못을 뽑는 여자

고해성사(告解聖事)로 시작되는 아침
제 갈 곳 미리 알고 허드렛일에 거치러진 손
언제나 남의 몫뿐인 세상 속에서
하늘 닿도록 발돋움 치다가
누군가의 벗 되려 버려지는 것들에게 친절했다
시계바늘 거꾸로 돌려 마음의 심지를 세우던 날
자기가 깬 사금파리에 찔린 가슴 제자리에 밀어 넣고
입 다물어버린 지난날의 기억들
푸르름을 잃은 나는
불빛이 환한 길에서도 종종 길을 잃어버렸다
벼랑 끝에서 휘어진 못을 뽑아낼 때
모진 마음먹고 큰 그리움 안아 보아도
두근거림은 아직 귀에 익어 남아 있는데
구겨진 생각들이 머릿속에서 떠나질 않는다
내 안에서 녹슬어 붉어진 못
언제 온전한 벽 한번이라도 뚫어 본적 있었던가.

내 안의 쉼표

아직 봄빛이 부끄러운 제비꽃은
터무니없이 높기만 한 문턱 아래
속마음 꺾어둔 채
고요 속으로 자리 잡는다

그늘 한쪽에서 마음 조일 때
숨소리 하나에 벌어지는 틈(闖)
빛은 지극히 낮은 곳에도 새어 들었다

세찬 마음 가득한 지난날
추운 겨울 속을 깊이 들여다보면
그리움만큼 커버린 헛 모습이 보이고
충분히 적신 좌절 끝에 돌아온
거침없는 긴 행로(行路)

지금은 느긋이 살다간 바람처럼
누군가를 가슴으로 맞이하는 일이

자신의 위태로운 시간을 견디게 하고
詩와 함께 숨 쉬고 있다

개 끈

발바닥이 성 나도록 거리를 헤매다가
진작부터 열 끓는 무릎
처절하게 위로 받지 못하고
언덕길을 오를 때마다 숨이 차오른다
순대 같은 세상 속으로
생각은 자꾸만 말려들고
내밀어도 빈 허공만 잡히는 손
언제나 그들의 그늘에서 벗어날 수 있을까
겨울 목 같은 흙 속에서도 살아남아
하늘로 출근하는 날
비정규직 노동자들은 텅 빈 풍요를 접고
모두 똑같이 아름답다고 외친다
그것만이 그들을 용서할 수 있다고…
소나기 같은 시간 속으로
도심의 하루가 지나간다

그믐달 - 낭송시

영글게 꽉 채워야
헛된 것들 끼어들지 않는다고
둥근 보름달 되려다
다- 갉아 먹힌 내 청춘

어머니의 연가 – 낭송시

눈 밝아 젊은 날
냉수 한 사발로 천둥 같은 가슴 가라앉히며
손금이 지워지도록 풀뿌리를 뽑고
마음 닿지 않는 작은 꿈으로
먼 하늘 꼭대기를 바라보셨지요

돌아보셔요 어머니
몸부림치는 세월의 언덕에 서서
자식들을 키워 내느라
서러움을 둘둘 말아
가슴 깊은 곳에 숨겨두고
시린 어깨를 들썩이며
마음은 늘 한뎃잠을 주무셨습니다

팍팍하게 걷던 내 삶의 귀퉁이에서
구름의 딸이 되어 오래도록 비를 맞고 떠돌 때
당신은 가진 것 다 주고도 모자라
뜨거운 심장이라도 꺼내 줄 것 같았지요

들으셨나요 어머니
진흙 속에서도 연꽃은 피어나듯
마음만은 솔잎처럼 푸르게 살으라던
당신의 소리 없는 외침이
내 가슴에 목메어 흐르는 소리를…

지금은 불혹(不惑)의 나이를 넘기고 있는
내 삶의 문전에서
못난 딸의 살림 걱정 때문에
왜 아직도 숨죽이며
핏빛 눈물을 토해내고 계십니까?
이제 고향으로 돌아가
나직한 노래를 함께 부르고 싶습니다

부디 잊지 마셔요 어머니
내 가슴속에 큰 산 하나 옮겨 주신
그 참 뜻을
이 딸이 오래도록 기억하고 있다는 것을…

당신으로 인해
마음이 박꽃처럼 환하게 밝아졌다는 것을…

얼음 저수지

마음하나 숨기지 못해
생각까지 꼭꼭 걸어 잠그고
징벌이라도 받듯
가만히 들어앉아
억울한 분 다 삭힐 때까지
점점 작아지는 저 울음 없는 외침소리
살갑게도 속을 내 보이지 않는다

묵은지

가장 어두운 곳에 누워
굳게 입 다물어 버리고
가슴이 폭삭 무너져 내리는 소리 들으며
수줍게 떨구는 볼그스레한 볼
미움이 켜켜이 밀려들 때마다
그리움을 품에 안고
헛된 꿈에서 벗어나려 안간힘을 쓴다
쭈그러진 노파의 얼굴처럼
목숨이 끝나는 날까지 안고 가야할 기다림
누군가를 위해 자신을 허물어뜨린다는 것은
한 움큼 삭아 내린 가슴을 식히며
일몰(日沒)의 숲길을 걷는 일이다
거울 속 깊은 길을 들여다보면
실핏줄 같은 삶에 갇혔어도
어둠이 있기에 가장 빛날 수 있고
아름다운 최면에 걸릴 수 있다
모든 것은 아직 푸른 나무처럼 서 있지만

마음 깊은 자리에서 일던 갈증 가라앉히며
불그레한 얼굴을 식탁 위에 내 놓는다

무늬 목

나무는 거꾸로 선 채 신음하지 않기 위해
죽어서 결 고은 슬픈 나이테를 만들고
피 흘리는 빛줄기를 밑바닥으로 끌어 내렸다

쥐기만 하고 펴지 못한 간절한 바람
다친 자국을 정갈하게 추스르고도
혼자서만 안에서 빛을 발하고
찢어진 詩 한 줄에 우주가 발을 뻗었다

슬픔은 어둠 속에서 시달리다가
밤새 우-- 소리 내어 울었고
닳고 닳아 다시 반질해진 몸

지금은 정한 곳 없이 떠돌던 단어들이
마음 밖에서 제 집으로 돌아오고
세밀하게 서로 친해지는 그 간격
책상 속에서 얼룩진 나이테
낙도(落島) 어린이의 그림이 보고 싶다

나팔꽃

3월에 눈이 내려 꽃씨를 적시고
새벽마다 별빛을 거두어 가버렸어도
가지는 힘껏 줄기를 뻗어내렸다
온 몸 뒤틀려
연초록 잎들이 목 타게 울더니
잠잠하게 굵은 줄기가
오래 지켜온 하늘을 밀어올린다

밤새 찬 눈물로 몸살 앓아 핀 꽃
산바람 들바람 불어 올 때마다
간절히 바란 사랑 어쩌지 못해
그대 마음에 맨발로 달려
잎새에 핀 꽃잎들

서 울

기상청에서는 늘 으르렁거리는 하늘만 기웃거리고 꽃잎은 피지도 못하고 떨어진다. 굴뚝에서 불뚝불뚝 솟구치는 검은 손은 아침을 무섭게 노래하다가 후줄그레하게 빛바랜 저녁을 배출한다. 뒤얽힌 공간에서 가슬해진 발바닥은 언제나 말이 없고 더 춥고 어두운 곳에서 슬픈 눈 뜨고도 몸뚱이는 다시 칙칙한 거리에 섞인다. 고물로 가득 찬 골목을 빠져나와 한 끼를 먹어치우다가 뱃살의 무게만 늘어나고 나를 지켜주던 희망의 꽃조차 다 사라졌으니 지난날은 거의 잔병치레 뿐. 누군가를 허물어뜨려야 내가 사는 이곳에서 팽팽한 숨으로 뼛속까지 무늬를 새기고, 작은방 큰 식솔들이 가장의 넥타이를 졸라맬 때 부도수표는 막을수록 커진다. 마음 깊은 곳에 두고 온 산들조차 나를 외면하고 사람과 나무들이 쓰러지고 있다.

청죽(青竹)

숲 속에서 찬바람 몰아쳐
나무들이 꺾이고 쓰러질 때
속을 텅 비우고
꼿꼿이 일어서서 버티는 대나무
진통(陣痛) 끝에 살아 얻은 마디는
쉰 네 칸이다

중심 흔들릴 때마다
뿌리를 땅 속으로 뻗어 내리고도
오랜 세월 꽃을 피우지 못했다

팔려 나가기 위해 마디마다 잘려지는 몸
쩍쩍 갈라지는 아픔 겪고도
죽순(竹筍)으로 다시 피어나고
더 큰 믿음으로 참된 길 찾아
찬바람 앞에 서 있다

봄바람의 짓

빈 나무 허리 쓸어내리는 겨울 밤
느슨하게 돌아누운 도심 골목
등이 베도록 누워 바라보는 천정
한 뼘 재기도 어려운 일에
자신의 열정을 쏟아 붓고도
마음에서 일던 욕구의 깊은 한계
이제 소외된 것들에게까지
박수를 보내는 이아침
밀쳐 두었던 봄바람이 달려온다
초록 잃은 빈 뜰에선
짓밟힌 들풀들이 일제히 고개를 들고
청 보리밭 건너 손짓하는 파랑새는
세상 끄트머리까지 달려가
넓은 들판이라도 한번 눕혀 보자고
저리 날개 짓하는 것도
빛으로 몸 틔우는 봄바람의 짓 아닐까?

봄은 찬 시름에 꺾여버린
내 빈 손도 잡아주시려나
방심(放心)했던 게으름이 툴툴 털고 일어선다

눈부시게 고운 날 – 결혼 축시

불꽃으로 가슴 태우며
이제 마주 잡은 두 손
수만 개의 촉수에 마음의 불을 밝히고
따뜻한 가슴을 피워 올리네

비워가는 술병처럼
모든 것을 서로에게 다 주고
밤새워 다독거리며 걸어가야 할
그 먼 길

파도처럼 출렁이는 세상 속에서
잊혀지지 않는 새로운 의미로 태어나
별이 가득 담긴 항아리에
푸른 꿈을 담네

진정한 사랑이란
서로에게 참된 영혼의 눈뜸이라는데
살뜰하게도 첫 마음을 지켜내어

과일 향처럼 닮아 익으려하네

오늘
이 길을 여는 두 사람의 어깨위에
사랑의 노래가 저 하늘에 출렁이고
하얀 축복이 반짝이고 있네

하늘 끝까지 영혼으로 울려 퍼져
눈부시게 빛나고 있네
눈부시게 빛나고 있네

북 어

예리한 칼끝에 잘려
내장을 꺼내버리고
허전한 마음을 햇빛에 말린다
모든 것 다 받아들이고도
갈라진 뼈마디 다시 일으켜 세우며
북받치는 말 한마디 남기지 못하고
험한 객지로만 떠돌아 다녔다
쩍 벌어진 아가리와
생각마저 빠져버린 몸
여자들의 무기 같은
분노의 방망이에 실컷 두들겨 맞고
비틀거리는 술잔 위에 놓여졌다
떠나온 고향을 그리워하며
누운 채 부르다가 돌이 되더라도
마음만은 늘 보름달을 바라볼 때
갈기갈기 찢긴 몸 위로
퇴색된 먼지가 풀풀 날렸다

바위에 씨뿌리기

밭고랑에 묻혀 온몸이 깨지고
바람이 머뭇거리다 떠나 버려도
미지근하게 식는 가슴 불씨로 피워 올려
한 뼘 땅속으로 뻗어 내렸다

줄기가 떨릴 때마다 한 굽이 돌아앉아
피어나는 꽃 눈여겨보지 않고
열매 맺기 위한 입맞춤을 생각했다

투명하게 떨어지는 빗줄기에 발꿈치 세워
詩속에서 다시 태어나고
어떤 짓밟힘에도 끄떡없는 나
허공의 별자리와 바꿔 앉지 않는다

하룻빛이 더디게 지나가는 날
다행히도 어두운 틈새로 햇빛이 새어들어
꽃망울이 잠에서 깨어나고
아무도 돌보지 않는 영토에서
詩가 한 움큼 터지기 시작했다

갯 벌

웅크렸던 게들이 헛발질하며
헤쳐 나올 때
미지의 세상 밖으로 내미는 눈
붉은 노을만 파먹고 짠물에 몸 담가
숨겨놓은 집한 채

늙은 아낙 자궁 속 같은 곳에서
욕망의 입 다물고 질척거리다가
사지가 닳도록 기어 쏘다니고
시치미 떼며 다시 들어가 버리는
오랜 침묵

제2부

우주가 품은 나무

우주가 품은 나무

자기 키보다 더 넉넉히 자란 나무들을 껴안고 가장 낮은 골짜기로 저물어 가는 해를 바라보며, 큰 잎사귀에 가려버린 달을 놓치지 않으려 뼈아프게 추운 겨울을 이겨내셨다. 엄격한 하루를 보내며 패인 흙 길에서도 꾀부리지 않는 바퀴처럼 일하고도 속주머니에 동전 몇 푼 꿰어차기 위해 어두운 시장 거리를 헤매시다가 허리는 굽어 버리고, 정신의 허기가 온몸으로 퍼질 때마다 세찬 바람 앞에서도 드러눕지 않으셨다. 풍금소리 울리던 초등학교 운동회 날, 달리기에서 꼴찌를 벗어나지 못하는 딸을 위해 설 장고를 둥둥 울려주시던 젊은 날의 열정, 그 딸이 시에 뜻을 두고도 이루지 못한 채, 시를 안다는 것은 더 가난하게 살겠다는 나만의 약속이라고 말 할 때, 따뜻하게 바라봐 주시던 그 눈 빛, 눈도 귀도 없는 마음의 더듬이로 내 누추한 거처를 감싸주다가 닳아진 손마디는 험한 길 걸으며 다친 내 슬픔을 곧바로 알아채고 "마음 급히 날아오르는 새는 날개를 다칠 수 있는 것이여" 산다는 것은 속으로 조용히 그렇게 우는 것이라고 말하신다. 키 낮은 풀꽃들을 향한 따뜻한 동정 때문에 오늘도 당신이 길러 놓은 수레에 몸조차 기대지 않으시며, 그 어느 땅에 등 대고 마음 편히 누우시려는지, 우리에게 조용한 포용으로 감싸주는 낮은 산으로 오신 것 저 강물은 아시려는지…

석 류

뜨거운 여름 견딜 수 없어
삼엄한 시간 입 다물고 있다가
혼신의 힘 다해 야무지게 여물고
열어보고 싶은 세상 밖으로
실컷 붉은 얼굴 내밀 때
한꺼번에 터지는 햇살

긴 해우 끝에 결정 내려
전생을 반으로 가르는 순간
꽉 다문 입에 균열이 생겨
가닥가닥 벗겨지는 속살

생의 깊은 곳에서 일던 갈증을
오랫동안 맨살로 버티며
가슴에 묻어 둔 씨앗
하늘 향한 꿈을 건너
산고 끝에 태어났어도

실뿌리 같은 질긴 정과
꽃의 의미를 모르는 당신 앞에선
기다림조차 마르게 익어간다

마음으로 닦는 걸레

창자 속까지 비워 놓고
오랫동안 돌아온 헛된 일 들
안으로 안으로 스며드는 채찍소리
흔들릴 때마다 너는 항상 넘쳐 났어도
속옷만은 단단히 여며 두고
제 몸 태우는 시간
외길로만 뻗는 직선을 구부려
탄환(彈丸)처럼 날아가서
이름도 없이 썩는 보리씨
지극히 평범하게 늙어가면서
갈 때까지 갔다가
백골(白骨) 되도록 산비탈에 서서
다시 돌아와 무릎 꿇는다
지상의 모든 것 말갛게 씻어 낼 때
힘없는 뉘우침이 스며들어
피할 수도 돌아설 수도 없는 그 자리
보리씨가 자라 열매 맺기까지는
아직 멀었으나

두 무릎이 남아 있을 때까지
수풀 속 헤쳐 걸어온 달빛 찾아
온몸 구석구석 습한 곳까지 닦아내리라

세월이 내 등을 밀어낸다

까만 단발머리 날리던 어린 시절
쪽문을 열면
풀잎 같은 들판이 방으로 들어오고
살구꽃이 날리다 익어 떨어지면
길어진 해 그림자 밟으며
하루를 보냈다

이제 자라난 시계가
어른이 되어 여기 서 있고
새로운 시대의 반대편에서는
사는 일이 갈수록 소란해졌다

선인장

추운 것이 두려워
더운 산맥 쪽으로 몸을 뻗고
마른 가뭄 속에서도 중심 바로잡아
지조가 만들어낸 푸른 다리

땅거미 겹치고 폭풍 지는 들판에서
생각을 바꾸어 쉬어 가고
누군가 발목 잡아 깊은 곳까지 흔들어도
홀로 서서 뜨거운 바람 막아주는 가시

함부로 노래 해 버리고 우는 새처럼
지난날을 후회하지 않으려
자기가 만든 그림자는 다시 밟지 않겠다며
가지런한 침묵으로 입을 다문다

늙은 여자

생각을 바느질하며
기억하는 일에 몰두하고
해진 신발 틈으로 돌이 채여도
누군가의 짐 되지 않으려
누울 때마다 시린 등을 바로 세운다

거듭나기

키 높은 나무들이 꽉 찬 숲에서
이제야 내려가는 산 길
지금은 불어오는 바람 앞에서도
중심을 서로 포개어 나누고
우물물 한 모금에 젖은 눈이 밝아진다
어깨를 낮춘 사람들만 사는 곳에서
때 낀 손으로 풀꽃 하나 따들어
마음 다해 스케치하고
햇살이 온 마을을 비출 때
골목에서는 웃음소리가 수북하다
가지 쳐낸 자리에선 어느새 새순이 자라
빛에서 마악 깨어나고
휘도록 열린 과일나무 아래서
없는 것이 더 많아도 늘 웃는 사람
그 앞에 다시 돌아와 순명 한다
산다는 것은 텃밭에 상추 몇 포기 더 심는 일
그 순간 나는 없어지고 푸른 산 하나가
떡 버티고 서 있다

벽(壁)

작은 꿈 키워가는 구석진 방에서
아침마다 구겨진 어깨를 흔들어 깨워 주고
으레 지고 마는 일에 승부를 걸다가
목도 가누지 못하는 나를 지켜본다
오늘은 오롯이 걸린 그림 속으로 들어가
녹슬은 기억 되새겨 쓸쓸히 위로 받고
마음 속 바닥까지 가라앉히는 몸
위험한 자리로부터 슬그머니 피신 시켜준다
생각을 열어 놓고도 햇빛이 두려운 나는
세상 밖으로 손 한번 내밀지 못하고
손바닥만 한 창문으로 얼굴을 내밀며
나에게는 詩밖에 가진 것이 없다고 말 한다
아직 외줄 타고 살아남아
꽃들이 피고 지는 것 바라보며
사랑하는 일에만 매달리는 나를 향해
벽은 헛웃음 한 가닥 걸어 놓았다

장 작

돌에 채이기만 했던 산언덕에서
힘줄이 굵어진 나무
곧게 한번 일어서 보지 못하고
바람이 불 때마다 몸을 비틀었다
좀처럼 꺾이지 않는 욕망을
마른땀으로 닦으며 다스렸는데
전기 톱날에 몸이 잘릴 때
등줄기에선 식은땀이 흘러내렸다
두 눈 부릅뜨고 정신을 바짝 차리고도
내 작은 어깨위로
흔들리는 미래가 칼끝으로 내리 꽂힐 때
아궁이에 서러운 마음 괴어 놓고
마음은 늘 하늘 향해있었다

칼날 위에 선 달팽이

칼 위를 맨발로 기어가는 달팽이
네 개의 촉수로 몸을 세우고
서슴없이 기어간다
온몸을 구성하고 있는 세포들은
추락하지 않기 위해
몸에서 분비되는 점액으로 마찰력을 줄이고
팽팽한 먹줄을 당기듯
칼날에 몸을 밀착 시킨다
스스로 만든 가슴의 샘물을 찾아
오늘도 아프게 훑으며 밟고
반듯하게 진주를 캐고 있는 달팽이
알뜰하게도 첫 마음 지키며
마음의 손을 깊게 깊게 뻗는다

신 발

붉은 진흙땅에서
골목을 뒤지듯 바쁘게 뛰어다니다가
머리 한번 들지 못한 얼룩진 몸
빈 땅마저 골라 밟을 수 없어
가엾게 닳아 떨어지고
힘들고 지칠 때마다 혼자 울었다

이제 밤이 되어
댓돌 위에 지친 심신 부려놓고
평행으로 놓여도 만날 수 없어
주인의 부름 쉽게 기다리다가
무거운 다리를 다시 일으킨다

늙은 호박

못생긴 호박꽃 속에서 꿀벌들은 머물며 놀다가고 간신히 살아남은 꽃은 열매 맺기 위해 붉은 제 살을 떨어뜨렸다. 엄두도 낼 수 없이 무성했던 여름날 그늘에 갇혀 마음이 거칠게 출렁일 때, 이파리들을 아프게 하나 둘 떼어 보내고, 먹구름이 소낙비를 뿌려대도 하늘빛 닮으려 애를 썼다. 그러다가 가을이 더 늦기 전에 심장에 끓는 기름을 부어 제 갈 길을 재촉하면서 세월에 얹혀 늙어버린 호박은, 근심이 거미줄처럼 쳐지는 언덕에서 묵직한 고통을 동여매고 남의 담장을 기웃거리다가, 진정한 슬픔의 의미를 알아차렸다. 휘청거리는 몸을 휘어감은 줄기의 말없는 큰 노고를 발견한 것이다. 이제 늙은 호박은 어깨에 짊어진 짐 다 내려놓고 줄기에서 제 몸 떼어내는 날, 숨겨 두었던 그림자 하나 몰래 감추며 그 자리를 훌훌 떠날 거란다.

폭포처럼

절벽 아래로 몸 부딪쳐
솟구치는 힘
주름살처럼 구겨졌던 것들
안에서 빠져나가는 소리
허허로운 마음 다시 일으킨다

참 숯

깨끗한 것으로 속을 가득 채우고
나이테를 뼛속에 새기던 지난날
마음 하나 지키며
그리움은 하늘에 새겨두었다

서러움이 스밀수록 단단하게 자라
힘을 다해 자기를 비우던 날
톱으로 "윙윙" 잘려 나뒹굴어 질 때
가슴에서 생살 찢는 소리가 들렸다

근심이 얽히는 언덕에서
남몰래 눈물을 꾹꾹 눌러 참고
불가마 속으로 들어가
신음하며 슬픔을 굽던 나무는
숯으로 태어나 세상 밖으로 나왔다

아직 심장에 남아 있는
아름다운 노래를 부르기 위해

속 뜰을 평온하게 정돈시킨 뒤
검은 나이테를 드러내며 말한다
진정한 자신을 버렸을 때
어떤 두려움도 욕망도 없어졌다고…

악어거북

바다에 살면서 수영도 못하는 몸
매서운 해풍(海風)에 눈물마저 얼어붙어
배고픔을 쫓아 바닥을 기어 다니다가
하얗게 닳아진 발톱

자기 안에 자기가 많아 괴롭던 어느 날
며칠을 굶어도 구질 하게 늙지 말자며
쌓이고 쌓인 푸념을 안으로 접을 때
시린 등이 고목처럼 휜다

저 깊은 곳에 그물을 던져라

밑창 닳은 신발 신고
앞만 보고 달리다가
가슴에서 쿵 떨어지는 소리 듣고
마디마디 모가지가 바스러지던 꽃 한 송이
가느다란 외줄에 마음을 매달아 놓고
소태처럼 입맛을 잃었어도
정신만은 더욱 또렷해졌다.
건질 것도 없는 바다에서
무거운 詩를 들고 떠돌 때
섬은 작은 쪽배보다 덜 흔들린다며
너그럽게 품어주는 수평선
아무도 드나들지 않는 섬에 들어가
섣달 바람 속
낯선 길을 맨발로 걷는 나에게
가슴 깊이 새겨주는 그 약속
내 삶 깊은 곳에서
혹독하게 매질해 주길 바라고
두 손 바투 움켜쥐며 함께 일어선다.

죽지 않는 나무

좀처럼 넓혀지지 않는 길을 따라
또 다시 일어나 빈들에 서고
하는 일마다 잘못되었다고 느껴질 때
시간이 나를 가르쳤다
더 많은 비에 젖고 큰바람에 치여
악다구니 쓰며 걸어 도착한 곳에서
몸에 붙어사는 두통까지 내려놓고
젯상에 올려놓아버린 삶의 무게
아직도 누군가에게 갚을 빚을 남겨둔 채
마침표 하나 남기며 떨어지는 별 하나
지난날을 지우며 산다

성 냥

빼곡한 틈으로 몸을 가지런히 눕히고
조심스럽게 사랑을 키워온 불씨
속 안을 온통 채운 그대 앞에서
간절한 마음 전하지 못했지만
어둠속에서 제 향기만은 간직했다
온 밤을 통째로 잡아 놓고 불 밝히는 날
창백한 슬픔과 푸른 마음 부딪쳐
대낮처럼 환해지고 뜨거워질 두 가슴
단 한 번 빛날 그날을 위해 식지 않은 눈빛은
빈 가슴으로 잠들지 않으려 애를 쓴다
침묵만 가지런히 쌓이는 긴 기다림 앞에서
맺힌 말들이 마음속에서 웅성거려도
안으로 안으로 자기를 무던히도 살핀다
가장 아름답게 사그라질 마지막 사랑을 위하여…

정년(停年)

어둠 쌓인 거리에서 핏빛으로 가려진 가슴
무덤 같은 길을 생명처럼 업고 달렸다
세상의 고랑 파헤칠 때 눈 한 번 치켜뜨지 못하고
홀로 파고드는 외로움 참아내며
뒤돌아볼 겨를 없이 달리고 또 달렸다
어느 날 몰아닥친 칼바람
흰머리 성근 말 가슴에 냉정하게 꽂히고
마모된 기계처럼 구겨져버린 몸
어둠이 정신까지 덮쳐 연거푸 퇴짜 맞고
죄 없는 가족들까지 길 위에 버려졌다
평범한 일상에 시간을 다 잡아 먹힌 지난날
다시 되새김질 해보고
포옹할 수 없는 바람을 향해 악다구니 써 보아도
억울하게 다 채우지 못하고 쫓겨 나는 늙은 말
아직도 부르면 달려갈 힘이 팔팔한데…

제3부
흔들리는 것들에게

위독한 시간

도로 위를 브레이크도 없이 달리다가
참된 귀를 잃고
속 깊은 골짜기에 홀로서서
비를 맞고 있다
빈손 차가운 겨울 틈에서
감추기 어려운 깊디깊은 수심을
증발시켜 바람에 날려버려도
가슴에 하루가 무덤처럼 쌓인다
아직 잊혀지지 않는 것들이
구름 난간 위에서 낯설게 서성이고
깃발처럼 쉽게 내려놓을 수 없는 너
언제부턴가 절개처럼 지켰던 약속이
무너져 허공 속으로 사라지는데
위태롭게도 피어오르는 핏빛 열 솟음
밤과 낮이 번갈아 앓는 소리를 내고 있다

남 편

힘겹게 식솔들의 고충을 짊어지고
외로움에 지친 빈자리
아내의 홀쭉해진 얼굴 바라보며
가파른 길을 걷는다
소리쳐도 응답 없는 메아리처럼
돌아오는 것은 언제나 빈손뿐
시속에 젖어 사는
아내의 그림자가 외롭다

그대에게 가는 길이 없다

르망이란 이름표를 달고 태어나
팽팽한 바람 가르며
희뿌연 먼지를 뚫고 속절없이 달렸다
질기게도 땅에 엉겨 붙어살면서
어두운 뒷골목을 떠돌던 네 바퀴는
진흙탕에서도 꾀부리지 않고 일하다가
가끔 뼈마디 부딪치는 소리가 들렸다
주어진 길에서 단 한번 이탈해보지 못했는데
엔진은 닳아 황혼의 비탈길 위에 서 있고
生을 다하고 떠나는 자동차
이제 그대에게 가는 길이 없다

가을 단상(斷想)

여름날 아껴 두었던 햇살이
하늘에 피어오를 때
불붙는 단풍파티에 초대 받는다
단풍들은
두발 뻗고 온몸을 뒹굴며
기꺼이 자기 몸을 떼어주고 있다.
따스한 바람에 익는 햇과일도
그리운 것끼리 서로를 불러들이고
붉게 쉷던 이파리들이
새로운 존재를 위해 옷을 벗는 이 계절
나는 왜 지금도 문밖에서 서성이는가
마음 깊은 곳에서는 허무를 키우고 있는가
차마 이 가을을 아름답다 말 할 수 없다.

고층에 갇히다

사막 같은 도심 건물에 아스라이 서서
살아 있어도 제대로 숨 쉬지 못하고
매일 허전한 마음을 일으켜 세운다
위험한 생각으로 상대를 무너뜨리고
지나온 길을 지우기 위해
살아야할 날들을 헤집어 보는 사람들
뒷모습이 힘없이 흔들린다
걸어온 길이만큼 커버린 불빛 사이로
지난 아픔을 괴어 놓고
신음소리가 깔려 있는 계단을
더벅더벅 기어올라
관절 마디마디를 꺾고 있다
부동으로 서있는 시멘트 벽 사이로
흐린 물줄기 같은 시간을 건너
모든 존재들의 시름을 저장하는 곳
간밤의 설친 잠을 털어 내며
밀쳐 두었던 피곤을 안에 부려 놓는다
멍든 지식으로 남의 귀 문을 두드리고

자기 꿈 찾아 절벽을 기어오르는 사람들
빼곡한 틈 사이로 깨금발치며
죽음만큼 바쁘게들 서 있다

門

현관 앞에서 꽉 닫힌 문을 두드려 보지만
아무런 대답이 없다
가방을 뒤져보아도 보이지 않는 열쇠
나는 항상 그랬다
열리지 않는 문 앞에서
자청해 고난 받고
앉은자리마다 등지고 돌아설 때
홀로 일어서서 지는 일에 길들여졌다
가슴 속에 희망의 두레박 하나 매달아
마음을 단단히 단속해두고도
하강의 끝에서 서성였으며
녹슨 자리에서 뜨지도 않는 달을 기다렸다
모두가 길인데 내 길만 보이지 않아
어두운 곳을 서성였고
땀이 밸 때마다 밴 채로 그냥 놔두고
나를 잃지 않기 위해
중력(重力)을 잃어 고꾸라지곤 했다
흩어지려는 활자들을 애써 모아 놓고도

허리 한 번 제대로 펴지 못한 몸
늘 아픈 것도
끓어오르는 열망과 근심 때문이 아니겠는가
아직도 내면에서는 헛된 묘(墓) 한 채 키우며
굳게 닫힌 문 앞에서 서성이고 있다.

뱅어포

아무 죄도 없이
큰 물고기들에게 잡혀먹히고
혼자서는 도저히 이겨낼 수 없어
눈물로 소매 끝 적시다가
한곳으로 여럿이 힘을 합쳤다

빙하기(氷河期)

바람이 잦은 산동네
알 전등에 촉수를 올리는 밤
구들장에 언 등 녹이는 식구들
살아 있어서 두런대는 슬픈 넋두리
집나간 아버지의 외출이 길어질수록
한뎃잠 자는 어머니
생활 속에 코를 박고 버적거릴 때마다
쥐꼬리 월급에서 찾아내는 최저의 안정
옹 박힌 손바닥 들여다보며
옷자락 가다듬는 휴식 같은 밤이 깊어간다

하늘 위에서

비행기를 타고 가노라면
바람에 흔들려 구름이 앞을 가리지만
빈 하늘에서도
안전벨트 하나가 나를 지켜준다
작은 창틈으로 내려다보이는
성냥갑만 한 집들과
꼬리 물고 달리는 차량들..
상자 속처럼 닫힌 저 속에서
마른땅 골라 디디며 살았다
지금도 지구는 푸른 산을 검게 덮고
몰아치는 빗발소리만 들리지만
사람들은 그 안에서 가쁜 숨 몰아쉬며
넘치는 대로 바쁘게들 서 있다
그곳에서 미련퉁이처럼
아무것도 이루지 못한 나
자격증 하나 내세워
어리석은 반복을 자행하고
알량한 마음으로 인정받기만 바랬다

다시 지상으로 돌아가면
늘 흔들리는 마음의 안전벨트는
누가 메어주지?

흔들리는 것들에게

골 깊은 산골에 뿌리 깊게 내려앉은 산국은, 작은 풀잎으로 더럽혀진 얼굴을 씻어 내리고 비탈진 언덕에서 지친 몸을 일으켜 세웠다. 산수유 열매가 빈 가지에서 힘겹게 매달릴 때에도 황토 흙 속에서 꽃으로 간신히 피어나고, 나무와 나무가 서로 엉킬 때마다 풀잎들의 작은 미소에 심신을 다독였다. 제 몸 하나 무덤 같이 숨기고 뿌리에 마음 기대어 수많은 겨울을 보내던 어느 날, 어둠이 밀어닥쳐 바람이 일렁이고 산 짐승 검은 발가락이 마음을 굽이굽이 파헤칠 때, 기다리다 지친 뿌리는 중심까지 흔들리고 무너져 내리는 것들… 꽃잎이 지는 것을 어찌 바람 탓이라 말할 수 있으랴.

불발탄

후들거리는 사막에서 빈 발 내딛고
아프게 손을 내밀어도
땀만 움켜쥔 시간, 시간들
입 밖에 뱉지 못했던 말, 말들
언젠가는 섬광(閃光)처럼 빛날 그날을 위해
황망하고 추운 벌판을 건너다가
크게 힘 한 번 터트리지 못한 채
냉골 같이 식어버린 몸
모든 것들이 어둠에 갇혀
무너져 내린 내리막의 끝

다시 바람 앞에 서다

어느 것도 위로가 되지 않을 때
자기를 죄다 감추고
스위치를 내리듯 마음의 문을 내린다
우물 앞에서도 항상 목이 마른 나는
늘 무너져 내리고 싶었지만
늦은 깨달음으로 그나마 자신을 알아냈다
출근하지 않아 빈곤한 두 발은
기약하기 어려운 일에 자신을 쏟아 붓고
찢기운 자리 다시 메우기 위해
보이지도 만져지지 않는 것을 찾아
헤집고 다니다 겨우 얻어낸 따뜻한 언어들
이제 더 젖을 것도 없는데
내 깊은 곳에서는 늘 비가 내린다
그때마다 괴로움으로 우거진 깊은 속을
닦아주는 사람
내 눈물을 따뜻하게 덥혀주는 이를 위해
오늘도 나를 빈 항아리로 놓아둔다

헛된 남자의 꿈

치자 꽃 피던 신혼 방에서
호락호락 계획을 쉽게 세우고
밤마다 거짓 수표를 찍어내면서
여자의 속옷을 먼저 더듬는다
자신의 허물을 돌아볼 겨를 없이
돈으로 사들이는 품위와
명품(名品)으로 걸치는 헛된 교양
출구를 떠도는 바람처럼 세상을 겉돈다
빈 낚싯대에 세월을 걸쳐놓고
강을 건네준 뗏목을 하찮게 잊어버리는 습성
도심의 불빛 사이로
야망이 살아 떠돈다

시인의 초상(初喪)

시 창작반 강의실에서 한 시인을 만났다. 주눅 든 어깨를 늘어뜨리고 맨 정신으로는 시가 나오지 않는다면서 강의 시간에 깡 소주를 한 잔씩 제자들에게 따라 주시던 선생, 50세도 채 되지 않은 나이에 얼굴은 노파의 젖무덤처럼 주름이 자글자글하고 정신을 감옥처럼 여기며 그늘을 햇빛보다 좋아하셨다. 비가 새는 서까래 사이로 별빛을 바라보며 가진 것이 없으니 잃을 것도 없다며 웃으셨는데… 쓰레기더미 속에서도 피어나는 황옥화처럼 끝없이 고개 숙인 슬픈 광야에서 홀로 떠돌다가 무게 없는 그림자 하나 몰래 숨기며 살았는데… 그렇게 세상을 쉽게 떠나버리다니, 이제 산허리 휘돌아 숲 속으로 영원히 입주하신 건가, 마지막까지 붙잡고 놓지 못했던 詩 마저 파산 신고 내신 건가, 육신의 허물을 벗던 날 골수까지 얼어붙는 소리를 들어야 했으리라. 그렇게도 낮은 곳으로만 내려가던 누추한 그 어깨 위에 오늘 내가 감히 천지를 덮을 수 있는 날개 하나 달아 드리고 싶다.

그대 그늘 되어

격정의 삶 조금씩 벗어놓고
한 굽이 간신히 돌아와 찾은 길
잠이 오지 않는 달을 부둥켜 안고
선 채로 부르다가 돌이 되더라도
내 마음 속에 살고 싶다는 그대
이 밤 울지 않는 것은
품속으로 기어드는 새처럼
깊어진 情 때문인가
그대 가슴에 들어
추운 겨울을 나고 싶다

2월이 오면

거친 산하나 가슴에 안고
높은 절벽 위에 놓인 꽃을 찾아
속 안에서 무수히 떠났던 먼 길
차갑고 거친 땅에서 오래 기다리다가
녹슨 문고리를 잡고
스스로 찾던 유배지에서
견디다 더 설 곳 없을 때
달빛에 나를 비춰주는 서리 꽃
2월이 오면
찬바람 막아주는 한지의 문풍지도
슬픈 눈으로 밝은 것을 받아들이고
봄빛 퍼 올릴 두레박 하나 달아맨다
돌 속에서 겨우 피워 올린 꽃 한 송이
마음속에서 만들어 낸 낡은 배 한 척이
구름을 뚫고 일어선다

가끔 보름달은 뜬다

가슴에 불붙는 노을 하나 걸어 두고
등불의 심지 내리는 휴식 같은 밤
빈 뜰에서 바람 소리 수런거릴 때
꽃 같은 마음 내려놓는다

차마 떨치지 못하고 돌아눕는 숲에서
나무들은 다시 푸른 눈을 뜨고 싶다며
핑크 빛으로 설레이고
귀염스런 말 몇 마디에 꿈이 일어선다

출렁이며 밤 시간을 건너는 낙타는
꽃 한 번 필 때마다
본능으로 아름다운 노래를 부르고
태초의 비밀이 한꺼번에 터진다
허공 속으로 사라지는 아름다운 별씨들

약 속

청진기로 내부를 들여다보듯
홍건히 젖어드는 두근거림
하얀빛으로 감전되고 싶다고
그렇게 말하며 우는 새 한 마리

사랑은 지혜의 훈련처럼 길들여져
설레도록 다가오는데
밤하늘의 저 많은 별들은
누구의 가슴 뜀일까?

내 속에 있는 것은 눈물이 아니고
그대 푸른 마음이다
까치발을 하고 당신 뒤를 쫓아
혼신의 힘을 다하는 기다림

한바탕 웃고 나면

마음의 자물통 하나 크게 열어 놓고
꽃그늘 아래에서 미세하게 가라앉힌 가슴
김나는 고봉 쌀밥 한 그릇에
솎음배추 싸먹는 재미가 그렇게 좋아
하루가 능금처럼 사근거린다
산 봉오리가 봉긋 솟아오를 때
하늘에서는 비 오고 갬을 가려주고
어둠으로부터 해방 시켜 주었다
달빛이 포도 향보다 향그럽게 내려앉아
편안한 거실을 위해 힘쓰고
세상에는 따뜻한 사람이 많다는 것을
간절히 새기며
그동안 지어왔던 한숨은 미풍에 날려 보낸다

억새 바람

제멋대로 덜컹이는 창문 틈으로
불필요한 몸무게를 등에 업고
쌓았던 둑이 터질 때마다
또 다른 길에 시동을 걸어본다
붓끝이 닳도록
그려내고 싶은 세상 이야기
쉽게 끓었다가 지쳐버리는
오래 앓아온 내 속병
잠그고 있던 외로운 자물쇠를 풀어
이제, 지루한 잠에서 깨어나리라
천지(天地)에는 죄 뿐이라지만
오늘은 외출을 해야 한다
맘속의 시어들이 죽어 버리기 전에

수평선에 갇힌 겨울새

은밀하게 부리를 키워온 새는
날지 못할 거라는 위험한 생각에 갇혀
입과 두 귀에 철조망을 쳐버리고
얽힌 매듭을 아집으로 풀어냈다
떠들썩한 소음 차단시키고
열지 못하고 닫아버린 속마음
목 빼고 바라본 고갯길에서
더 가득 채우기 위해 바다로 갔다가
목울대가 붓도록 의로움 외쳐 봐도
빈 가슴은 보채며 앓는 소리를 내고
손가락 사이로 빠져나가는 너의 빈자리
몸속에 남아 있는 그리움을 벗어버리면
제 목소리로 우는 한 마리 새가 될 수 있을까
비가 내려도 목이 마른 겨울새는
다시 돌아와
가을빛에 젖은 몸을 올려놓는다

제4부

별 안으로

별 안으로

詩에 기대어 한 세상 살다가
거꾸로 매달려 꽃을 피우고
새들의 날개 빌려 날고 싶은 그곳
다 부르지 못한 노래 부르며
소란했던 둥지를 떠나는 날
잡음(雜音) 없는 울림의 소리로
가슴에 깊던 시계추를 떼어 낸다
달빛마저 빠져버린 그대 빈자리엔
아직 더 큰 그리움이 남아있는데
별 안으로 나를 옮긴다

화장을 하며

핼쑥한 얼굴로 거울 앞에 앉는다
태어날 때부터 만들어진 모양
작은 코와 창백한 눈꺼풀
윤기나도록 볼을 문지르며
분첩으로 맨 얼굴에 땜질한다
눈두덩 위에 색 하나 더 얹고
굵은 획 눈썹 위에 다시 긋고
볼을 토닥거리다가
립스틱을 입술에 갖다 대 본다
진정한 아름다움은 내면의 리듬이
잘 어우러질 때 가장 빛난다지만
아직 자신 없는 바깥세상
가식의 껍질을 한 꺼풀 입히고 나간다

부처는 반 눈 뜨고

서로의 뜻을 알지 못한 채
남의 마음 기웃거리다 지은 죄
귓속말은 눈덩이처럼 커져
무수한 파문이 강물처럼 흔들린다

가끔 들춰 볼 때마다
비밀을 흉터처럼 새겨 두고
남의 마음 헤집어 부리들

발효시킨 생각 감춰두고
망각을 부정해 보아도
머리 속에서 언어들이 난투극을 벌리고
방아쇠는 언제나 나에게로 향해 있었다

입에 진흙 바르고
지나는 바람 소리까지 잡아두고도
가슴에 지퍼 하나 매달아 둔다

사금파리의 꿈

흙에서 얻어진 몸으로
소리 없는 세상 바라보며
불속에서 구워 생각을 다지고
펼쳐 놓은 꿈마다 잘못되어 쓰러질 때
금간 조각 위에
가난한 낙숫물이 떨어졌다

그래도 아직 골격은 살아남아
깨진 것들에게도 빛은 낮게 새어들고
흡족한 눈물이 흘러내렸다
이제, 안전한 설 곳에서
다시 일어서고 있는 사금파리
언제 쯤 내 길도 잘 보여지려나

소 주

하루의 지친 시간을 충전시켜
춥고 깊은 수심을 녹이며
별들에게 뜨거운 마음 던져버리고
화려하게 쓰러지는 귀갓길
뒷모습이 거칠게 흔들린다

나는 詩를 주문 하지 않는다

전화 한 통으로 생활용품 사들이고
생선을 냉장고에 가득 쌓아 두고도
먹을 것이 없다고 투덜댄다
詩 공부가 되지 않아 끙끙대던 어느 날
동창회라고 불러대는 친구의 목소리
詩 대신 보석과 바꾸는 사모님이나 될까?
정성껏 모아온 글 보따리가 바닥났을 때
물 한 모금으로 타는 목을 적시고
선배 위로 한마디와
뒤풀이 독한 소주 한잔에 마음을 턴다
손에 닿지 않는 꽃을 꺾기 위해
소중한 하루를 다 허비하고
다시 맨발에 취해 보지만
내 안으로 좀처럼 들어오지 않는 것들…
나는 또다시 현실의 장님 되어
시어를 찾아 먼 길을 떠난다

까치 밥

다복이 고개 숙인 가을 들판
바람이 불어 닥치는 높은 곳에 서서
빈 가지의 슬기를 배운다
잎새를 모두 땅에 주어버리고
훌훌 떠날 채비를 서두르는
익은 감 하나
모든 것은 세상 밖 절벽 아래 있지만
제 살 떼어
하늘로 띄워 보낸다

두물 머리

앞이 보이지 않는 곳에서
입을 봉한 채 홀로 살다가
진흙 속에서 꽃을 피워내고
느낌표 하나 새기며
높은 벽을 뛰어넘었다
이제,
둘이서만 아름답고 싶은 그곳에서
꽃 울타리 안으로 두 마음 옮겨 놓고
곁에 있는 것만으로도 축복이라며
푸른 눈을 다시 뜬다

빙 점

달빛이 창문에 언 채 걸려있고
빈 가슴에 허전함이 듬쑥 자리 잡고 앉는다.
하늘은 온통 별들이 차지해버리고
마지막 그리움마저 단호히 돌아앉아도
지축은 아직 꼼짝도 않는다
손에 움켜쥐기만 한 욕심의 밭에서
살아온 만큼 지워버려야 할 수많은 상념
스스로 내팽개치고 싶은 기억들
생각을 벗겨낼수록 몸은 더 무거워지고
낯빛은 더욱 어두워진다
아-- 가슴은 얼마나 더 아파야 하나

박제 나비의 꿈

즐비하게 늘어 서 있는 상품들 사이
유리 상자 속에 표정 죽은 나비 한 마리
빈 마음으로 서있지 않으려 애를 쓰다가
生의 기나긴 끈조차 놓아 버렸나
마음속에 검은 먼지가 켜켜이 쌓였다
지난날 푸른 하늘 봄 길에서 꽃향기 맡으며
가을엔 더 늦기 전에 자기 갈 길을 준비했는데
풀꽃 같은 가슴 안고 춤추던 하늘을 남겨둔 채
골 깊은 아픔으로 고이 잠들어 있다
키 큰 것들 앞에서 바로 일어 서보지 못하고
추울 때마다 시린 등 홀로 일으켜 세우고도
생각까지 인간들에게 저당 잡혀버렸나
들어주지도 않는 노래를 혼자 부르고 있다

비상하는 것을 위하여

끊임없이 몰아치는 마파람에
제 몸 하나 가누지 못해
얼떨결에 병이 난 나뭇잎
다시 돌아오기 위해 길을 떠난다
어제 열지 못한 길 찾아 헤매다가
닳아서 짚신은 헐거워지고
바람이 흔들릴 때마다
하늘 위에 집하나 지어놓고
귀는 철둑길에 맡겨두었다
스스로 빠져버린
최면에서 벗어나기 위해
저물녘엔 빈 몸으로 쓰러지고
불씨 이어받아 다시 태어난 나뭇잎
나룻터에 이를 때까지
느슨하게 풀린 마음의 나사를 조이며
깊은 잠에 빠지지 말아야 한다

그리움

먹구름 속에
내리치는 천둥소리다
야밤에 술에 찌든 사내가
“우르릉 쾅쾅” 발로 찰 때
마음 가장 깊은 자리에서 들려오는
숨죽인 기다림의 지친 가슴이다

세 월

이글대며 파고드는 여름이 지나는 소리다
닿을듯한 예민한 가지꼭대기에서
머리카락 적시는 아픈 몸 짊어지고
詩를 찾아 낙타가 되어
추운 강을 건너보고 바위를 뚫다가
한평생 언어와 혼인 신고하고 서약해 버린 뒤
구천〈九天〉으로 가는 밧줄을 이어주는
목마른 몸부림이다

슬 픔

청보리 밭에서 겨울잠 깨어주는
빛의 자명종 소리다
푸른 하늘이 찡그리던 높고 비탈진 곳에서
피 묻힌 자리를 자국자국 찍어 대고
신이 막무가내로 내려주는 가혹한 벌을 받다가
뜻밖의 따뜻함에 얼었던 몸 풀어 젖히며
얼마동안 저토록 파랗게 견뎌줄까
염려하는 것 그것이다

기 쁨

마음의 빈 양푼에 떨어지는
찌그러진 동전 소리다
지구보다 더 큰 양손을 벌려
처음 당신을 만나러 가던 그날처럼
편안한 숨 쉴 수 있는 그곳에서
막혔던 가슴이 내지르는 빼근한 소리다

웃 음

좁은 베란다에서 부족한 햇빛으로도
꽃을 피우는 군자란처럼
어렵게 내 꿈이 피어오르는 날
속으로 좀처럼 들어오지 않는 것들이
잠겨진 마음의 문마다 열어 젖히고
소리 한 번 크게 질러보는 그날이다

기 억

상처(傷處)가 아문 자리에서
새롭게 생이 시작된 날
봄은 다급한 사연 하나 들고
나를 흔들어 일으키고
한때 죽음까지 몰고 간 신(神)은
어려운 숙제를 풀어내라며
막무가내로 아름다운 벌(罰)을 내리고
생각은 익을 대로 익어
떨어질 것만 같은데
눈감아 버려도
홀씨 같이 번식하는 시간들
이제 너에게로 뻗어 가는
가지 끝을 매만지며
거꾸로 매달려 집을 짓고
깊디깊은 우물 속에서
푸른 두레박질을 해야지

노 을 – 낭송시

노을이 지면
노고지리 소리에 귀 담고
꽃잎 적시는 봄비를 맞으며
가난한 사랑에 깊이 빠져 보리라

서록이 잠기는 물안개처럼
그대 마음에 닿는 날
연분홍 이불 서로 덮어주고
그 품안에 살포시 안겨보리

바람이 내 창을 두드릴 때에
첩첩이 쌓인 낙엽더미 속을 걷고
젊은 날의 설레임을
다시 가슴속에 새기리라

침목(枕木)

잘려진 몸을 땅에 반쯤 묻고
끝없는 진동 소리를 견뎌 냈다
입 달린 것마다 자기 소리를 낼 때도
아직 성한 몸뚱어리에 감사했다
지구의 중심을 운명처럼 받치고
마음하나 의지하며 살았던 枕木
녹슨 완행열차가
칙칙 거리며 한숨지을 때
밟힐수록 눈물로 하소연 하다가
반듯하게 앉아 보지 못한 몸
자신을 늘 깨어 있게 해 준 것은
철로 위를 지나는 찬바람 소리였다는 것을
저 山은 아는지
숨 막힐 듯 전해지는 마음 속 깊은 암호는
끓어오르는 자기만의 소리였다는 것을…

침목(枕木): 철로 아래 깔린 나무토막

■ 시인의 말

그곳에 가면 詩가 보일까

어둠이 마음의 소리를 엿들을 때 혼자가 아니라고 말해주는 詩를 찾아 깊은 우물 속으로 빠져들었다. 아무것도 만져지지 않는 곳에서 낡은 단어들을 가슴에 주렁주렁 매달고 늘 머릿속에서 일렁이는 생각들… 목마름이 빈 방을 두드릴 때마다 아직 발견되지 않은 별은 빛을 내지 못한 채 추위에 떨고 새로운 나를 찾기 위해 하루도 거름 없이 진실의 허물을 벗는다.

맨 발로 하늘에 당도 할 때까지 내 슬픔과 놀아주는 언어 찾기, 밑 빠진 독에 물이 가득 차오를 때까지 나를 이끌어 주는 한줄기 빛. 아직도 도시에는 꿈 없는 아침을 맞는 사람이 늘어난다. 내 그늘이 더 어둡기 전에 꼭 살아남아야 할 詩. 하늘은 날더러 세상이 붉디붉게 섧더라도 속울음 마음속에 가라앉히라고 말한다.

큰 나무로 살아계신 친정어머니께 이 책을 바칩니다.

색의 반란, 결론은 사랑이야
– 박주영의 시 세계

박남권(한국문학예술 발행인, 한국문인협회 감사)

1. 시의 세상으로 가는 의식

어둠이 받아들인다.

빨간 반점이 군데군데 드러나고 반점은 점점 커진다. 커지는 반점 사이에서 석류 빛 액체가 섞여 나온다. 타액과 투명한 점액이 섞여진 선홍빛. 선홍빛은 침잠하는 방황 말미잘의 흡입으로 번져서 붉은 무늬가 된다. 색의 세상이 된다. 색과 색의 반란이다.

색과 생의 환희이다.

흔들어라. 춤추어라. 그리고 파묻혀라.

작은 핏줄이 선으로 이어진다. 핏줄이 터지고 작은 선홍의 강을 이룬다.

그 강위에 에메랄드를 덮어라. 채색하라. 혼합하라. 섞어라.

에메랄드 강 속에서 천천히 움직인다. 생명의 흔적이 생명의 징표가 보인다.

율동이다. 춤이다. 사랑이다. 결론은 사랑이다. 바다가 보이고 가다가 평원으로 펼쳐 다시 색의 바다로 이어지는 색채의 마술, 마르크 샤갈(Marc Chagall)을 만난다. 샤갈의 그림 《탄생》을 만난다. 샤갈의 그림에서 방황의 색으로 칠한 파리의 뒷골목과 파리의 방황 속으로 들어간다.

박주영의 시를 읽으면 시의 이미지 속에서 샤갈이 튀어나온다. 샤갈이 환하게 웃으며 걸어 나온다. 시의 행간과 시적 공간에서 샤갈의 색이 번져 나오며 샤갈의 방황과 샤갈의 흔들림, 샤갈의 사랑과 샤갈의 결론이 죽죽 이어지고 번져 나와 불덩이가 되어 폭죽이 터진다. 열정적 색의 흔적으로 번져나고 환희의 붉은 반점에서 에메랄드 환상이 현실이 된다. 눈부시게 강렬하여 움직이지 못하고 색의 축제에 동참하고 색의 율동에 같이 흔들린다.

'시는 색이다.' 라고 소리치며 우주 속으로 끌고 간다. 끌려간다. 빨려 들어간다. 우주의 큰 블랙홀 속으로 빨려 들어가 무차별적으로 흡인되어버린다. 이것이 박주영 시의 색이고 박주영 시의 선명성과 박주영 시의 테마이며 박주영 시의 생명력이며 힘이다.

2. 테마 찾기

깊은 명상 속으로 들어가야만 샤갈의 그림을 이해 할 수 있듯 깊은 명상 속으로 들어가야만 박주영 시의 본질을 만날 수 있다. 이것은 그만큼 박주영의 시는 평범한 일상의 색이나 평범한 일탈의 이야기가 아니라 고도의 정제된 혼으로 온몸의 영혼을 짜내어 일필휘지로 내려 그은 힘의 정수이기 때문이다. 이 한 획 한 획에 그의 피와 영혼이 섞여있기 때문이다.

영글게 꽉 채워야
헛된 것들 끼어들지 않는다고
둥근 보름달 되려다
다- 갉아 먹힌 내 청춘

－〈그믐달 〉에서

이렇듯 박주영의 시는 시이기 이전에 시가 곧 그의 삶이고 그의 영혼의 일부이다. 박주영 시의 테마는 시인의 이런 영혼의 파도가 항시 출렁이고 선명한 선홍의 원색 용암이 흘러내리는 그림의 연속선상에서 몸과 같이 존재한다.

발바닥이 성 나도록 거리를 헤매다가
진작부터 열 끓는 무릎
처절하게 위로 받지 못하고

언덕길을 오를 때마다 숨이 차오른다
순대 같은 세상 속으로
생각은 자꾸만 말려들고
내밀어도 빈 허공만 잡히는 손
언제나 그들의 그늘에서 벗어날 수 있을까
겨울 목 같은 흙 속에서도 살아남아
하늘로 출근하는 날
비정규직 노동자들은 텅 빈 풍요를 접고
모두 똑같이 아름답다고 외친다
그것만이 그들을 용서할 수 있다고…
소나기 같은 시간 속으로
도심의 하루가 지나간다

— 〈개 끈〉에서

시인의 이런 특징과 시적 테마와 작품에 나타난 사상은 시인의 성장 배경이나 환경에서 적응하거나 반항을 하며 살아온 과정과 깊은 연관으로 주어진 결과일 것이다. 그 과정에서 배우거나 터득되어진 내면의 언어들이 선천적인 끼와 타고난 능력에 상승 작용을 일으켜 시의 세계를 열었을 것이다. 단발머리 고창 성내 소녀의 꿈을 열었을 것이다.

까만 단발머리 날리던 어린 시절
쪽문을 열면
풀잎 같은 들판이 방으로 들어오고

살구꽃이 날리다 익어 떨어지면
길어진 해 그림자 밟으며
하루를 보냈다

이제 자라난 시계가
어른이 되어 여기 서 있고
새로운 시대의 반대편에서는
사는 일이 갈수록 소란해졌다

– 〈세월이 내 등을 밀어 낸다〉에서

단발머리 성내 소녀의 꿈에서 출발한 시인의 시가 단순치 않은 것은 그의 삶도 단순치 않았다는 것을 말해주는 것이다. 평범한 일상이 아닌 생명의 한계에 다다른 삶과 죽음이 반반으로 혼합된 아주 특별한 인연의 운명을 늘 맞닥뜨려야 했을 것이다. 삶이나 죽음이 같은 무게로 어쩌면 더 편안하다는 의미로 다가가고 떠나가고를 반복했을 것이다. 그의 시에 나타난 의미는 그렇다.

"창자 속까지 비워 놓고/오랫동안 돌아온 헛된 일 들/안으로 안으로 스며드는 채찍소리/흔들릴 때마다 너는 항상 넘쳐 났어//속옷만은 단단히 여며 두고/제 몸 태우는 시간/외길로만 뻗는 직선을 구부려/탄환(彈丸)처럼 날아가서/이름도 없이 썩는 보리씨/지극히 평범하게 늙어가면서/갈 때까지 갔다가/백골(白骨) 되도록 산비탈에 서서/다시 돌아와 무릎 꿇는다/지상의 모든 것 말갛게 씻어 낼 때/

힘없는 뉘우침이 스며들어/피할 수도 돌아설 수도 없는 그 자리/보리씨가 자라 열매 맺기까지는/아직 멀었으나/두 무릎이 남아 있을 때까지/수풀 속 헤쳐 걸어온 달빛 찾아/온몸 구석구석 습한 곳까지 닦아내리라"〈마음으로 닦는 걸레〉에서와 같이 이렇게 처절하게 핏빛 울음을 울어야 하는 새가 되기도 하는 시인의 내면의 강엔 불과 물이 공존하는 시적 세계가 존재하고 있어서, 극단적인 희열과 죽음에 가까운 절망이 공존하는 것을 내면의 힘으로 억제하고 다스려가려는 깊은 시인의 의지로 조화를 해가는 시적 구조인 것이다.

자기 키보다 더 넉넉히 자란 나무들을 껴안고 가장 낮은 골짜기로 저물어 가는 해를 바라보며, 큰 잎사귀에 가려버린 달을 놓치지 않으려 뼈아프게 추운 겨울을 이겨내셨다. 엄격한 하루를 보내며 패인 흙 길에서도 꾀부리지 않는 바퀴처럼 일하고도 속주머니에 동전 몇 푼 꿰어차기 위해 어두운 시장 거리를 헤매시다가 허리는 굽어 버리고, 정신의 허기가 온몸으로 퍼질 때마다 세찬 바람 앞에서도 드러눕지 않으셨다.
풍금소리 울리던 초등학교 운동회 날, 달리기에서 꼴찌를 벗어나지 못하는 딸을 위해 설 장고를 둥둥 울려주시던 젊은 날의 열정, 그 딸이 시에 뜻을 두고도 이루지 못한 채, 시를 안다는 것은 더 가난하게 살겠다는 나만의 약속이라고 말 할 때, 따뜻하게 바라봐 주시던 그 눈 빛, 눈도 귀도 없는 마음의 더듬이로 내 누추한 거처를 감싸주다가 닳아진 손마디는 험한 길

걸으며 다친 내 슬픔을 곧바로 알아채고 “마음 급히 날아오르는 새는 날개를 다칠 수 있는 것이여” 산다는 것은 속으로 조용히 그렇게 우는 것이라고 말하신다. 키 낮은 풀꽃들을 향한 따뜻한 동정 때문에 오늘도 당신이 길러 놓은 수레에 몸조차 기대지 않으시며, 그 어느 땅에 등 대고 마음 편히 누우시려는지, 우리에게 조용한 포용으로 감싸주는 낮은 산으로 오신 것 저 강물은 아시려는지…

– 〈우주가 품은 나무〉에서

샤갈이 그렇듯 그의 색은 강렬했고 그의 색은 화려 했고 화려해야했고 불길로 넘쳤다.

시시한 것은 싫어!

시시한 거는 죽음이야!

이런 말들이 시어 곳곳에서 튀어나온다. 그만큼 자신이 있는 것이다. 그래서 그의 흐름은 평범하고 순탄함을 늘 거부한 채 더 강하게 더 화려하게 더 세게라는 구호가 들릴듯한 생의 그림이 시의 행간 시의 공간을 꽉 채운 채 축제의 화산을 폭발 시킨다. 축제의 화산에서 가장 흔들림이 심한 춤을 춘다. 그의 춤은 환희이다. 이제 춤은 완숙의 조화를 곁들여 잔물결 흐르는 세상의 꿈으로 성숙해가려 한다. 우주와 조화를 이루는 항상 푸른 나무가 되려한다.

강함과 부드러움의 조화를 알아가는 것이다. 그것이 더 큰 세상이 열리는 길이라는 것도 아는 것이다.

"어느 것도 위로가 되지 않을 때/자기를 죄다 감추고/스위치를 내리듯 마음의 문을 내린다/우물 앞에서도 항상 목이 마른 나는/늘 무너져 내리고 싶었지만/늦은 깨달음으로 그나마 자신을 알아냈다/출근하지 않아 빈곤한 두 발은/기약하기 어려운 일에 자신을 쏟아 붓고/찢기운 자리 다시 메우기 위해/보이지도 만져지지 않는 것을 찾아/헤집고 다니다 겨우 얻어낸 따뜻한 언어들/이제 더 젖을 것도 없는데/내 깊은 곳에서는 늘 비가 내린다/그때마다 괴로움으로 우거진 깊은 속을/닦아주는 사람/내 눈물을 따뜻하게 뎁혀주는 이를 위해/ 오늘도 나를 빈 항아리로 놓아둔다." 와 같이 〈 다시 바람 앞에 서다〉 빈 항아리가 필요한 것이다. 가득찬 것을 비워낼 때만이 진정한 것을 채울 수 있는 것이다. 그 빈항아리에 새로운 영혼의 정수가 채워지고 샘물이 솟아나오는 꿈을 꾸는 것이다. 시인은.

3. 시간의 매듭을 맺으며

시인은 시를 왜 쓰는가? 그 물음은 왜 사는가라는 물음과 같다. 시인은 살아가기 위해서 시를 쓰고 시를 쓰기위해서 산다. 시가 곧 삶이고 삶이 곧 시라는 결론이다.

시 창작반 강의실에서 한 시인을 만났다. 주눅 든 어깨를 늘어뜨리고 맨 정신으로는 시가 나오지 않는 다면서 강의 시간에 깡 소주를 한 잔씩 제자들에게 따라 주시던 선생, 50세도 채 되지 않은 나이에 얼굴은 노파의 젖무덤처럼 주름이 자글자글하고 정신을 감옥처럼 여기며 그늘을 햇빛보다 좋아하셨다. 비가 새는 서까래 사이로 별빛을 바라보며 가진 것이 없으니 잃을 것도 없다며 웃으셨는데… 쓰레기더미 속에서도 피어나는 황옥화처럼 끝없이 고개 숙인 슬픈 광야에서 홀로 떠돌다가 무게 없는 그림자 하나 몰래 숨기며 살았는데… 그렇게 세상을 쉽게 떠나버리다니, 이제 산허리 휘돌아 숲 속으로 영원히 입주하신 건가, 마지막까지 붙잡고 놓지 못했던 詩 마저 파산 신고 내신 건가, 육신의 허물을 벗던 날 골수까지 얼어붙는 소리를 들어야 했으리라. 그렇게도 낮은 곳으로만 내려가던 누추한 그 어깨 위에 오늘 내가 감히 천지를 덮을 수 있는 날개 하나 달아 드리고 싶다.

– 〈시인의 초상(初喪)〉에서

그러나 샤갈이나 박주영에게 강렬함이나 화려함만을 추구하고 일반적으로 편향적으로만 가있는 것은 아니다. 샤갈의 대표작에서 사랑하는 연인의 손을 잡고 하늘을 날아 가는 그림이 있고 28세에 그린 어두운 그림이 너무 처절 하고 슬픔이 뚝뚝 떨어지는 흑색과 암청색의 이미지가 있으며 박주영의 시에서도 슬프고 어두운 이미지와 가냘픈 솜털 같은 시도 얼마든지 있다. 이와 같이 박주영의 시에 발산과 절제가 적절히 배합되어 잘 짜여진 시의 그림을 그리는 것이다. 샤갈의 그림에서 결론은 사랑이다. 똑같이 박주영의 시적 결론은 사랑이다. 이 시적 결론의 사랑은 실질적인 정신세계를 지배하여 내면이 무장된 사랑의 시를 쓰게 하고 시인의 시에서 사랑을 만나고 느끼게 하고 동화하게 만든다.

눈 밝아 젊은 날
냉수 한 사발로 천둥 같은 가슴 가라앉히며
손금이 지워지도록 풀뿌리를 뽑고
마음 닿지 않는 작은 꿈으로
먼 하늘 꼭대기를 바라보셨지요

돌아보셔요 어머니
몸부림치는 세월의 언덕에 서서
자식들을 키워 내느라
서러움을 둘둘 말아
가슴 깊은 곳에 숨겨두고
시린 어깨를 들썩이며
마음은 늘 한뎃잠을 주무셨습니다

팍팍하게 걷던 내 삶의 귀퉁이에서
구름의 딸이 되어 오래도록 비를 맞고 떠돌 때
당신은 가진 것 다 주고도 모자라

뜨거운 심장이라도 꺼내 줄 것 같았지요

들으셨나요 어머니
진흙 속에서도 연꽃은 피어나듯
마음만은 솔잎처럼 푸르게 살으라던
당신의 소리 없는 외침이
내 가슴에 목메어 흐르는 소리를…

지금은 불혹(不惑)의 나이를 넘기고 있는
내 삶의 문전에서
못난 딸의 살림 걱정 때문에
왜 아직도 숨죽이며
핏빛 눈물을 토해내고 계십니까?
이제 고향으로 돌아가
나직한 노래를 함께 부르고 싶습니다

부디 잊지 마셔요 어머니
내 가슴속에 큰 산 하나 옮겨 주신
그 참 뜻을
이 딸이 오래도록 기억하고 있다는 것을…
당신으로 인해
마음이 박꽃처럼 환하게 밝아졌다는 것을…

— 〈어머니의 연〉에서

시인 박주영에게서 어머니의 위치는 대단하다. 가장 사랑하는 어머니이며 가장 존경하는 스승이기도 하며 가장 친한 친구이고 늘 삶의 길을 안내해주고 가르쳐주는 신적인 존재이다. 시인들이 시 중에서 가장 쓰기 쉬우면서도 가장 어렵고 가장 잘 쓰고 싶어도 가장 잘 못 써지는 시의 테마가 어머니라고 하며, 그렇기에 시를 가르치는 스승들이 쓰지 말라고 하는 주제도 어머니이지만 모든 시인들은 어머니라는 시를 꼭 쓰고야 만다. 어머니가 시인의 가장 가까운 분신이기 때문에 몸이 허락하지 않기 때문이다.

힘겹게 식솔들의 고충을 짊어지고
외로움에 지친 빈자리
아내의 홀쭉해진 얼굴 바라보며
가파른 길을 걷는다
소리쳐도 응답 없는 메아리처럼
돌아오는 것은 언제나 빈손뿐
시속에 젖어 사는
아내의 그림자가 외롭다

– 〈남편〉에서

시인의 마음은 가족이나 친구 대인관계에서 뿐만 아니라 실생활에서 겪는 다양한 경험을 시적 경험으로 연결시키는 재능이 선천적이며 깊이와 폭이 넓다.

시인 박주영 그의 주제는 넓고 광활하다. 넓음을 넓음으로 끝내지 않고 가장 높은 사랑의 개념으로 승화시켜 하나의 동일성을 이루어 함축미가 더욱 돋보이고 필요하지 않은 가지나 잎들을 잘라내 걸러진 언어로 정리되어 독자를 안심시키는 힘을 갖는다. 거친 부유물을 걸러낸 순수 액기스만을 정제하여 빛을 더하게 만드는 시적 창작 기법의 대단함에 놀란다.

시인의 고향이 고창 성내라는 인재가 많이 나는 명문의 고장이고, 정읍여고 중앙대 문예창작 대학원등이 인재를 많이 배출하는 학교이다. 그의 스승들 또한 한국을 대표하는 분들이고 보면 대단한 행운을 늘 갖고 있다. 이런 여러 행운들이 겹쳐서 그의 문학적 예술적 세계가 성공적 성장의 장으로 이루어진 것이다.

詩에 기대어 한 세상 살다가
거꾸로 매달려 꽃을 피우고
새들의 날개 빌려 날고 싶은 그곳
다 부르지 못한 노래 부르며
소란했던 둥지를 떠나는 날
잡음(雜音) 없는 울림의 소리로
가슴에 깊던 시계추를 떼어 낸다
달빛마저 빠져버린 그대 빈자리엔

아직 더 큰 그리움이 남아있는데
별 안으로 나를 옮긴다

– 〈별 안으로〉

샤갈 그를 색채의 마술사라 한다.
세상의 눈꽃들이 비상하는 날 샤갈이 시인의 시를 읽는다,
선홍빛 색채들이 풀풀 날린다.
색채의 바다에 눈꽃이 핀다.
시인이 샤갈과 같이 걸어가며 환하게 웃는다.
봄은 금방 오겠지.
결론은 사랑이다.

2011. 01. 15

우주가 품은 나무

1판 1쇄 인쇄 | 2011. 3. 3
지은이 | 박주영
발행인 | 박남권
발행처 | 한국문학예술
등록번호 | 서울 바 03272(2002. 9. 18)
주소 | 서울시 중구 충무로 4가 127-6
TEL | 02-777-5522
카페 | http://cafe.daum.net/KLA7
E-mail | kla7@hanmail.net

값 10,000원

ISBN 978-89-965517-1-3